KB038216

인지발달과 학습향상을 위한

인지재활 Workbook 시리즈

유아용

시각적 주의력 향상편

1-1

(사용대상: 유아)

박 소 진

김 익 수

손 금 옥

박영story

1. 찾기

1. 찾기

1. 찾기

1. 찾기

1. 찾기

1. 찾기

1. 찾기

1. 찾기

2. 찾기

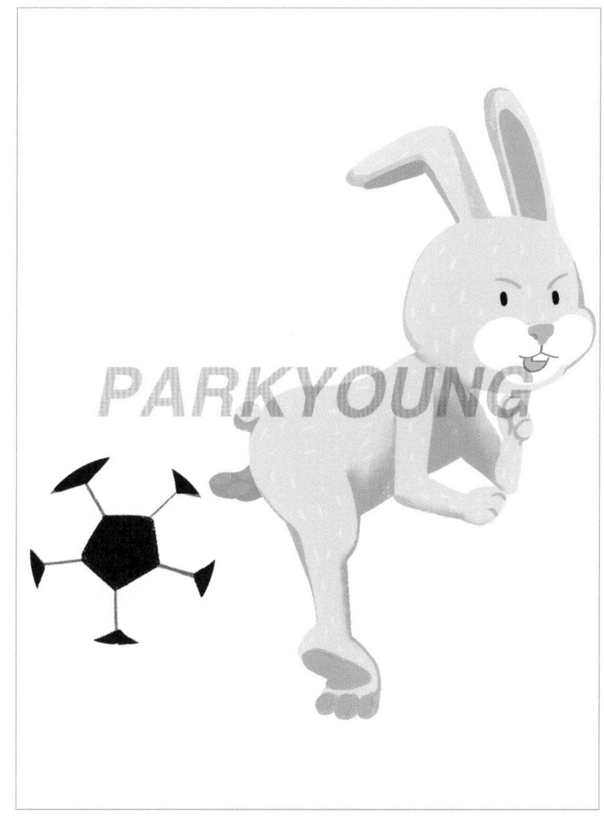

2. 찾기

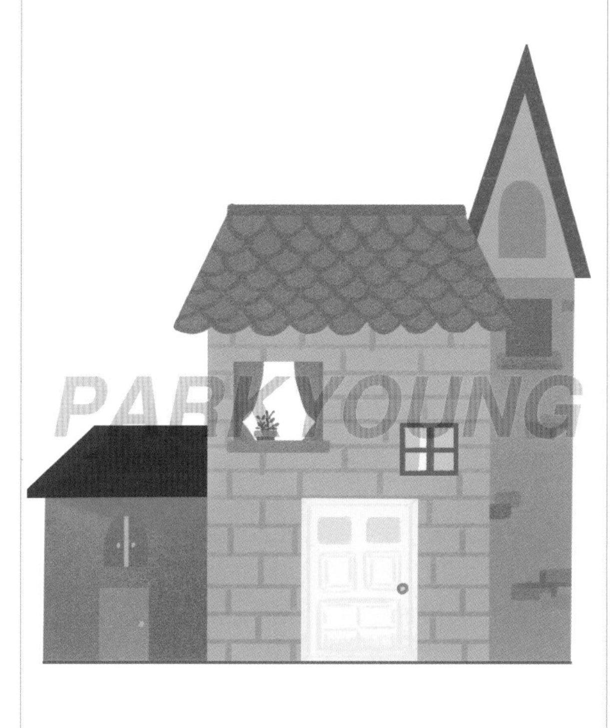

2. 찾기

3. 찾기

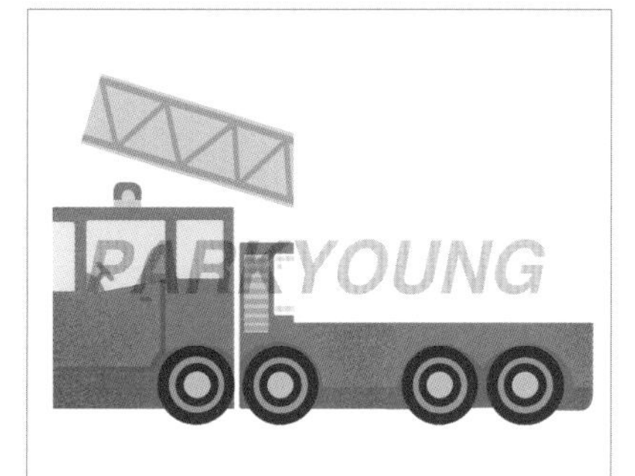

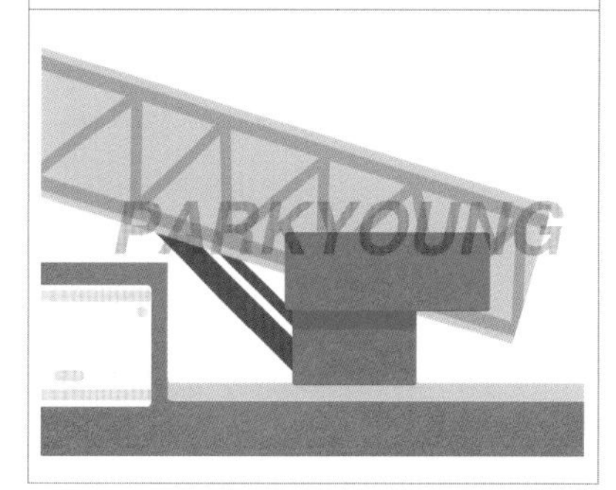

4. 색칠 - 동그라미

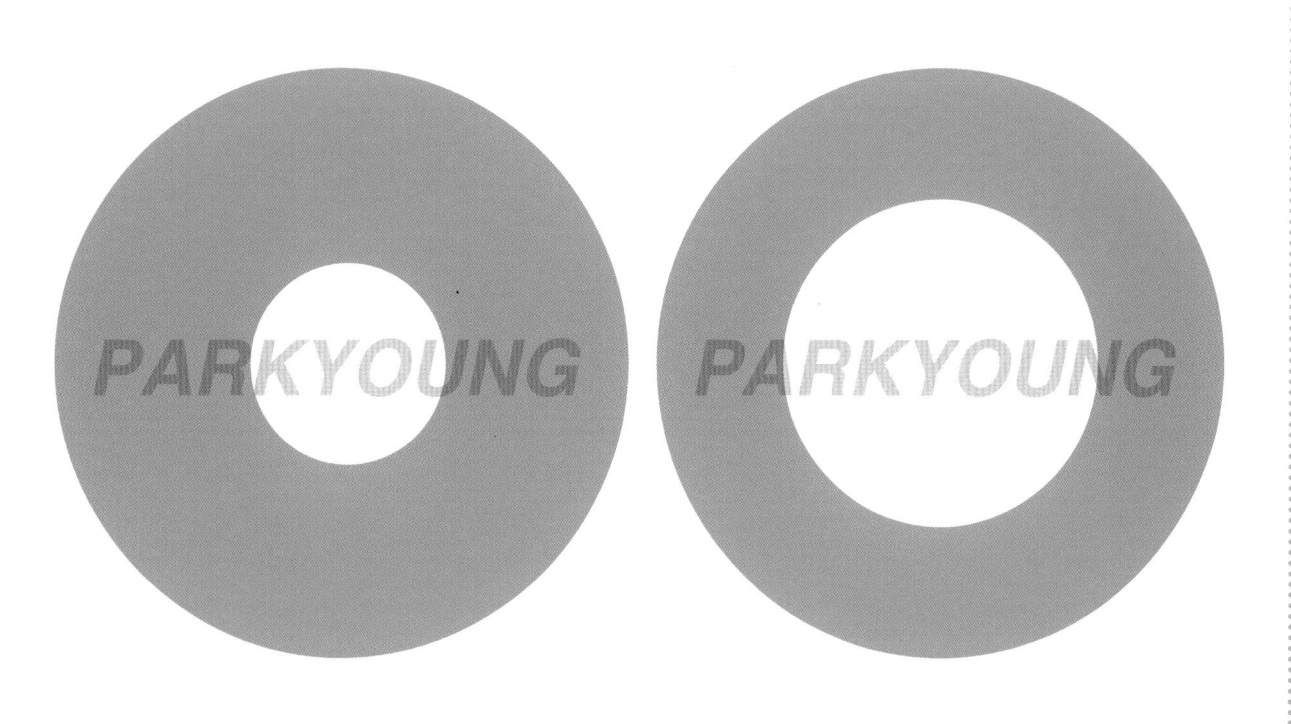

5. 색칠 - 네모

6. 색칠 – 세모

7. 색칠 – 과일

7. 색칠 – 과일

7. 색칠 - 과일

8. 색칠 – 동물

8. 색칠 – 동물

8. 색칠 – 동물

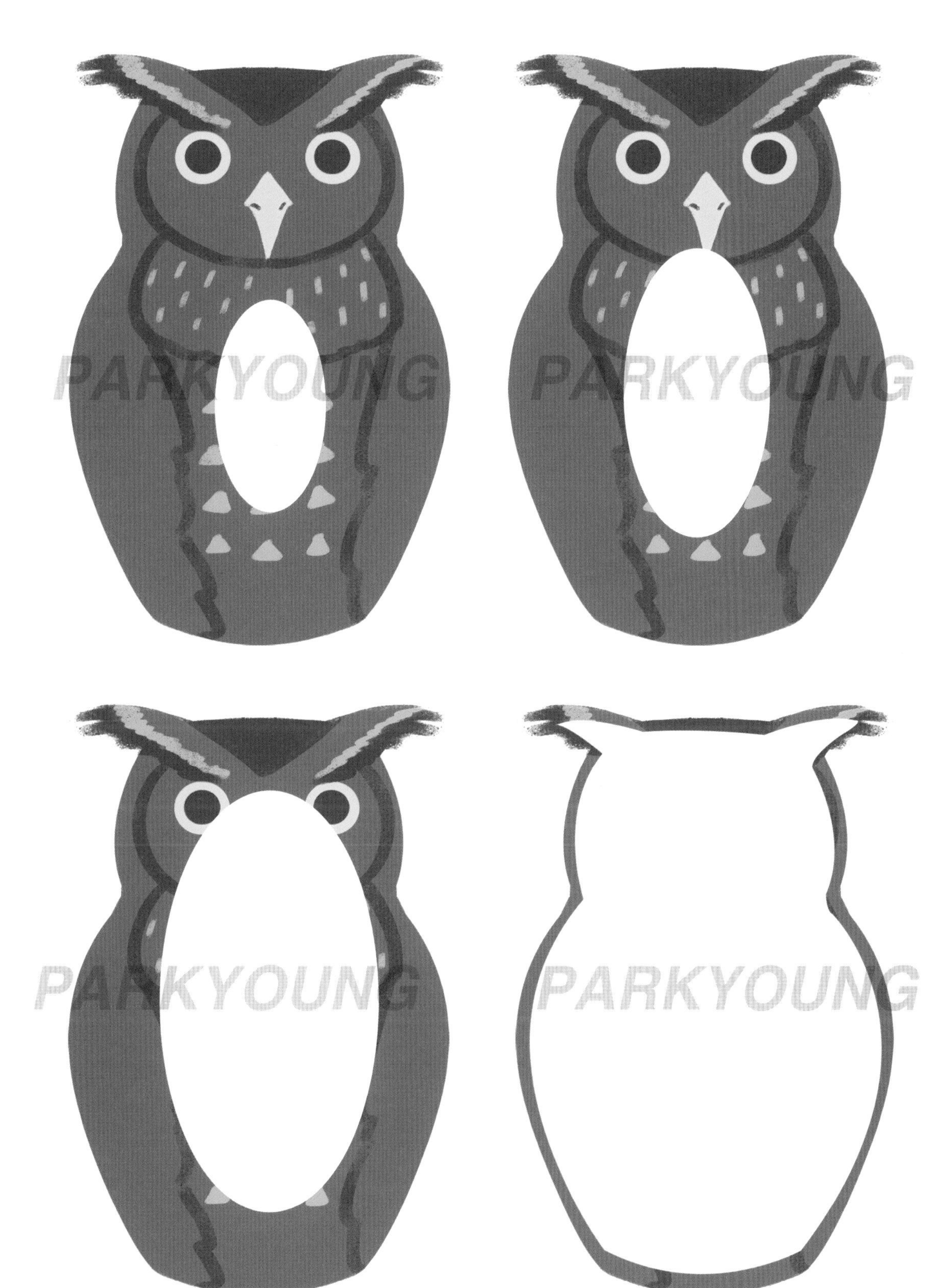

9. 색칠 – 같은 그림

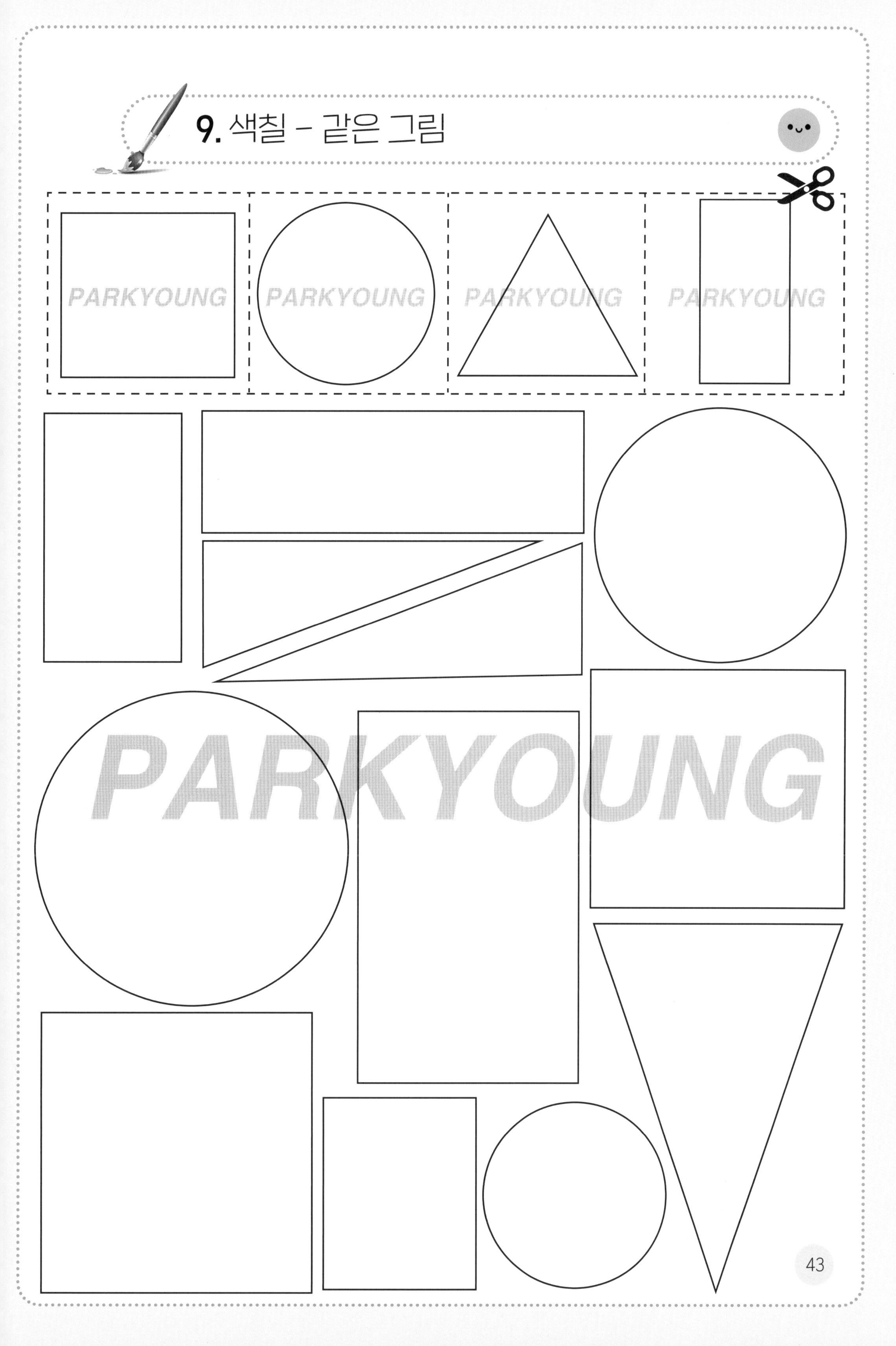

9. 색칠 - 같은 그림

9. 색칠 – 같은 그림

9. 색칠 - 같은 그림

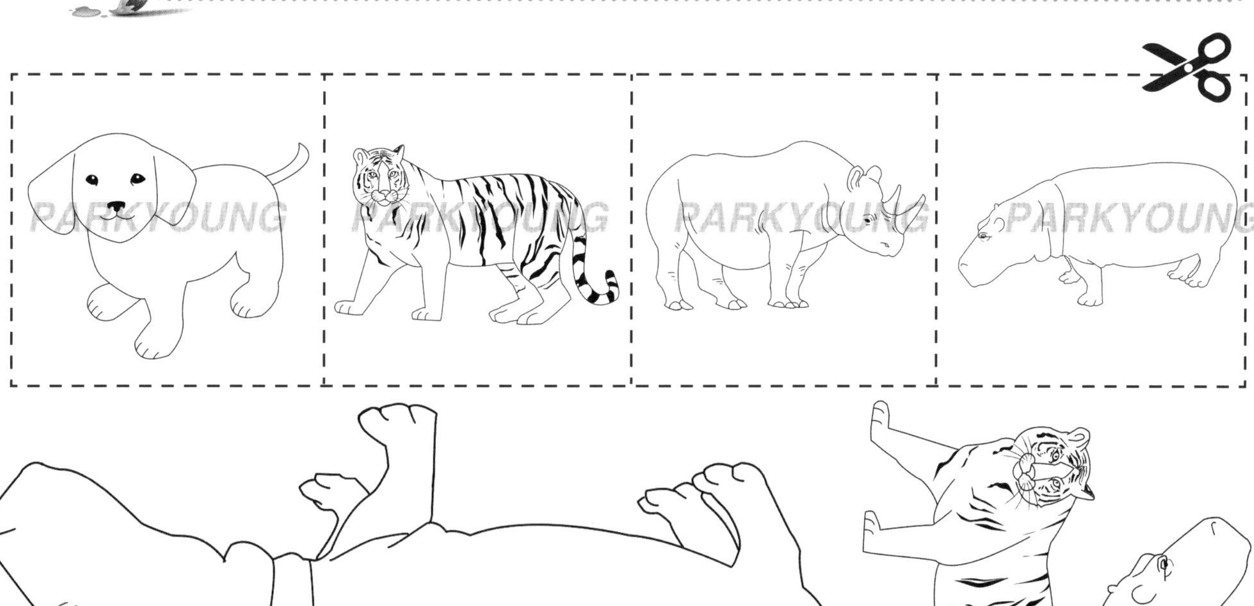

10. 그리기 – 난화

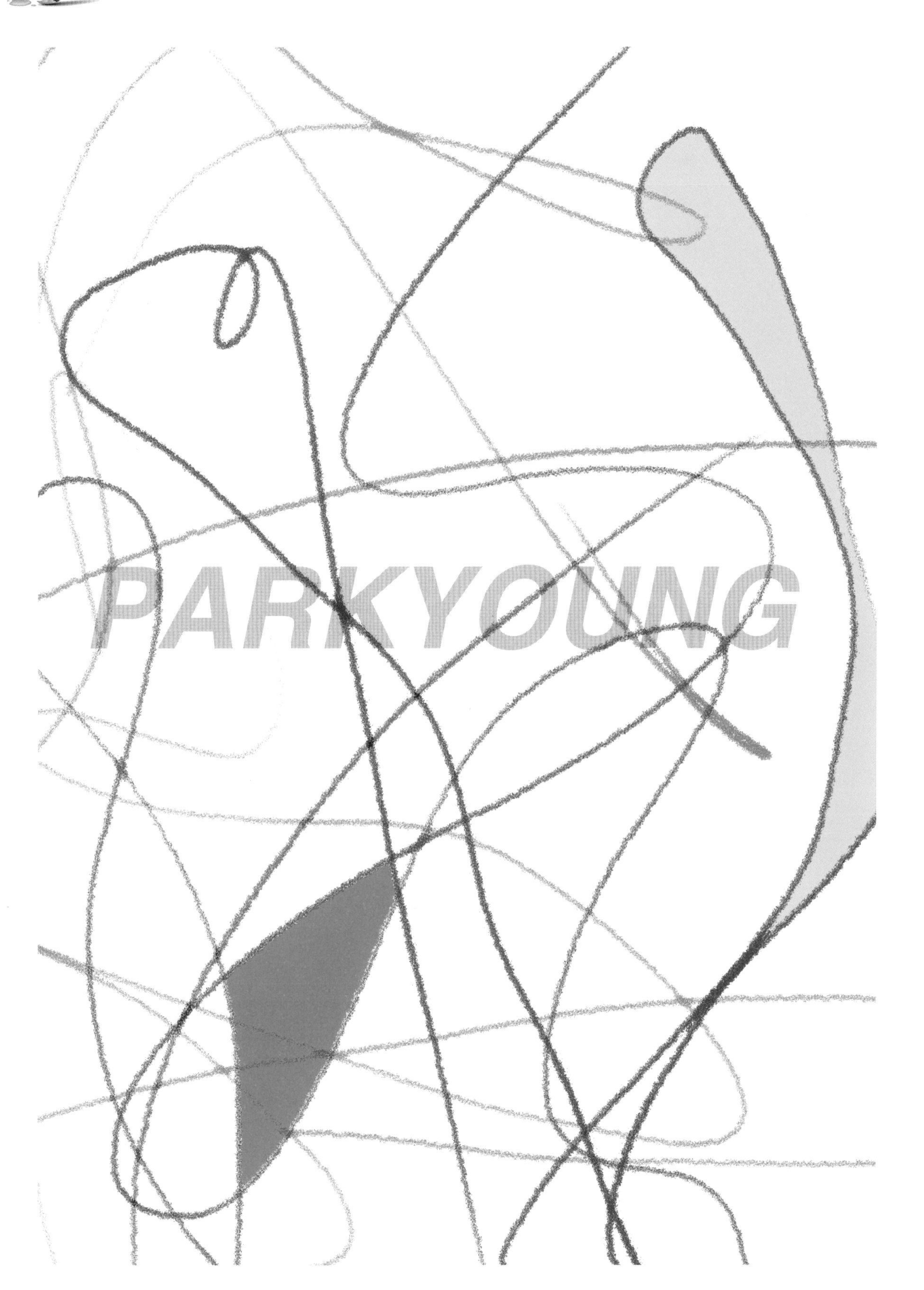

10. 그리기 – 난화

10. 그리기 – 난화2

10. 그리기 - 난화2

11. 따라 그리기 - 직선

12. 따라 그리기 – 점과 점

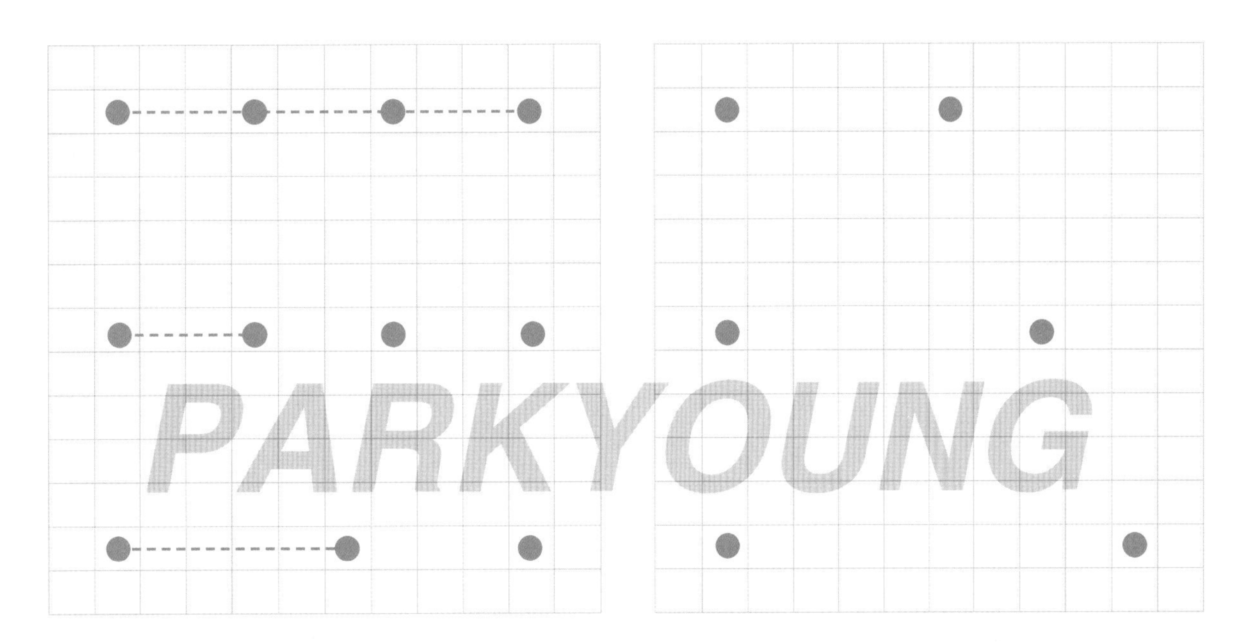

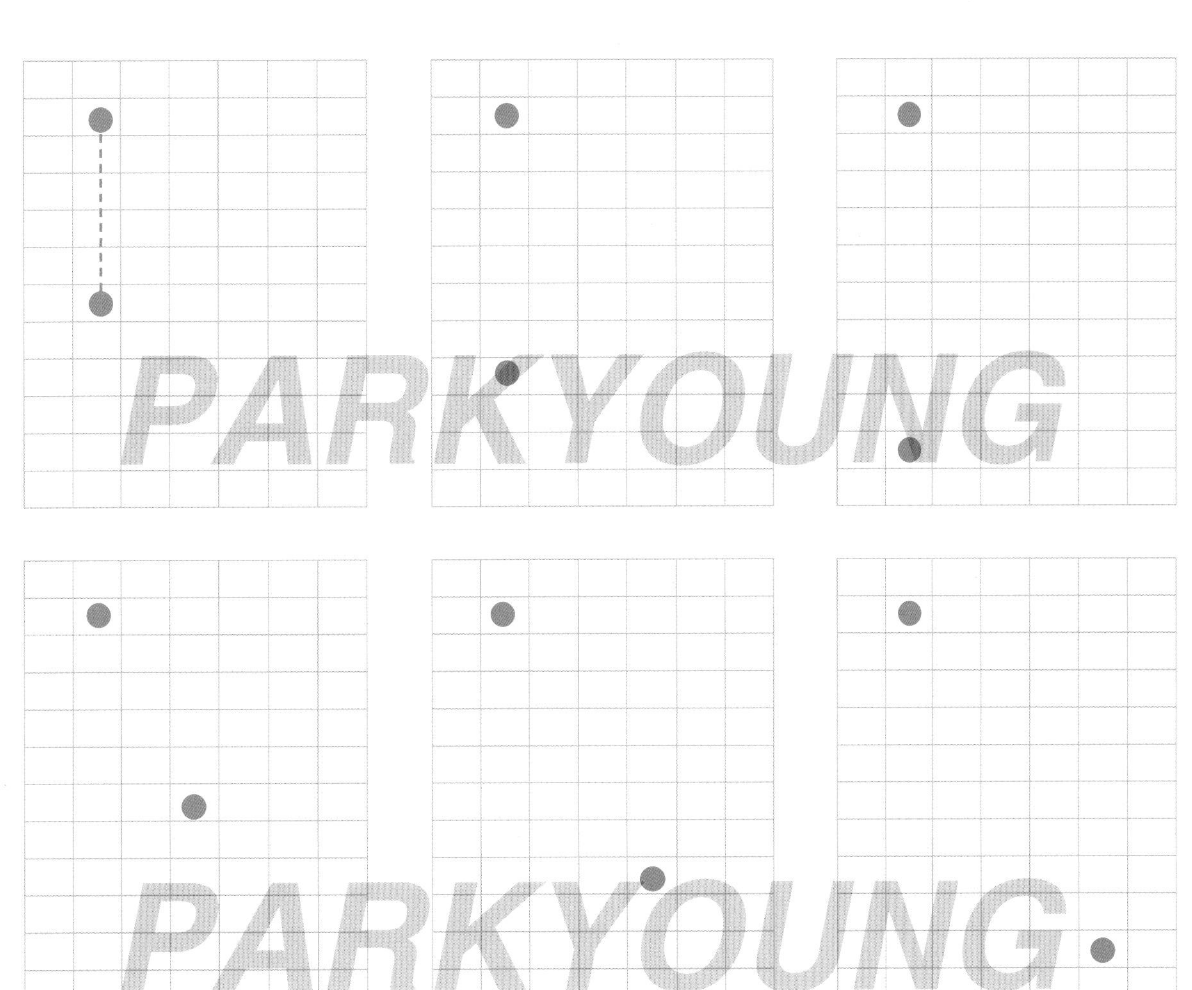

13. 따라 그리기 - 선

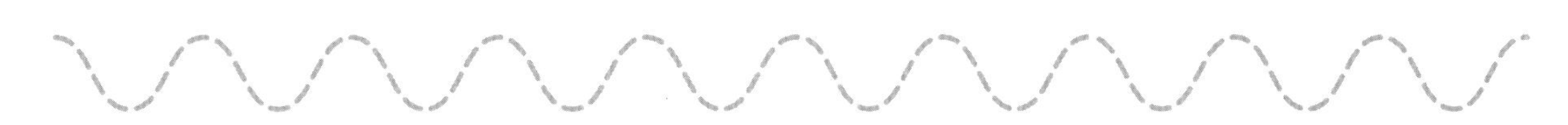

14. 따라 그리기 - 그림

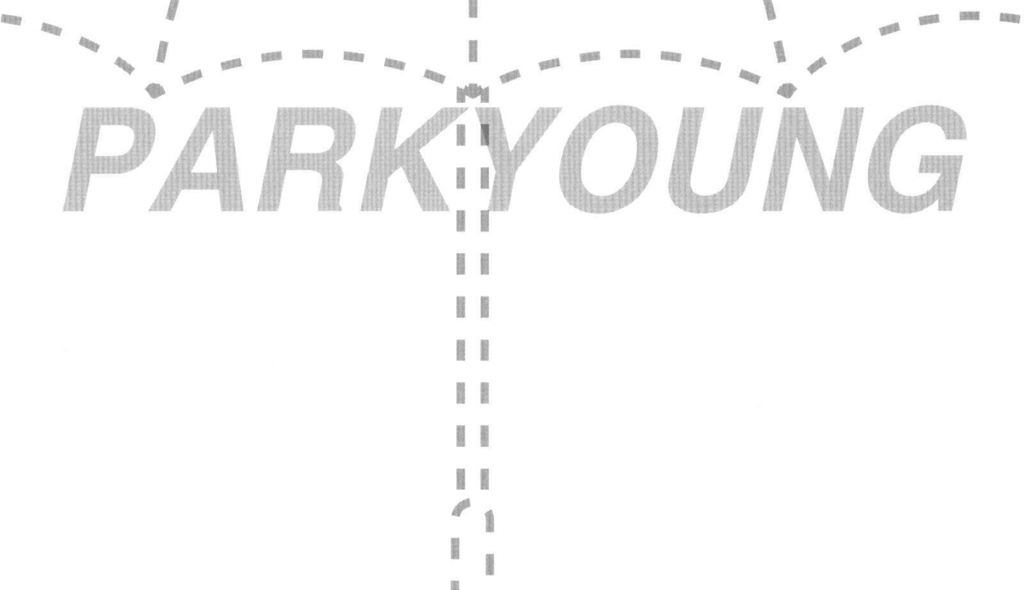

14. 따라 그리기 - 그림

14. 따라 그리기 - 그림

14. 따라 그리기 - 그림

14. 따라 그리기 - 그림

14. 따라 그리기 - 그림

15. 따라 그리기 - 빠진 곳

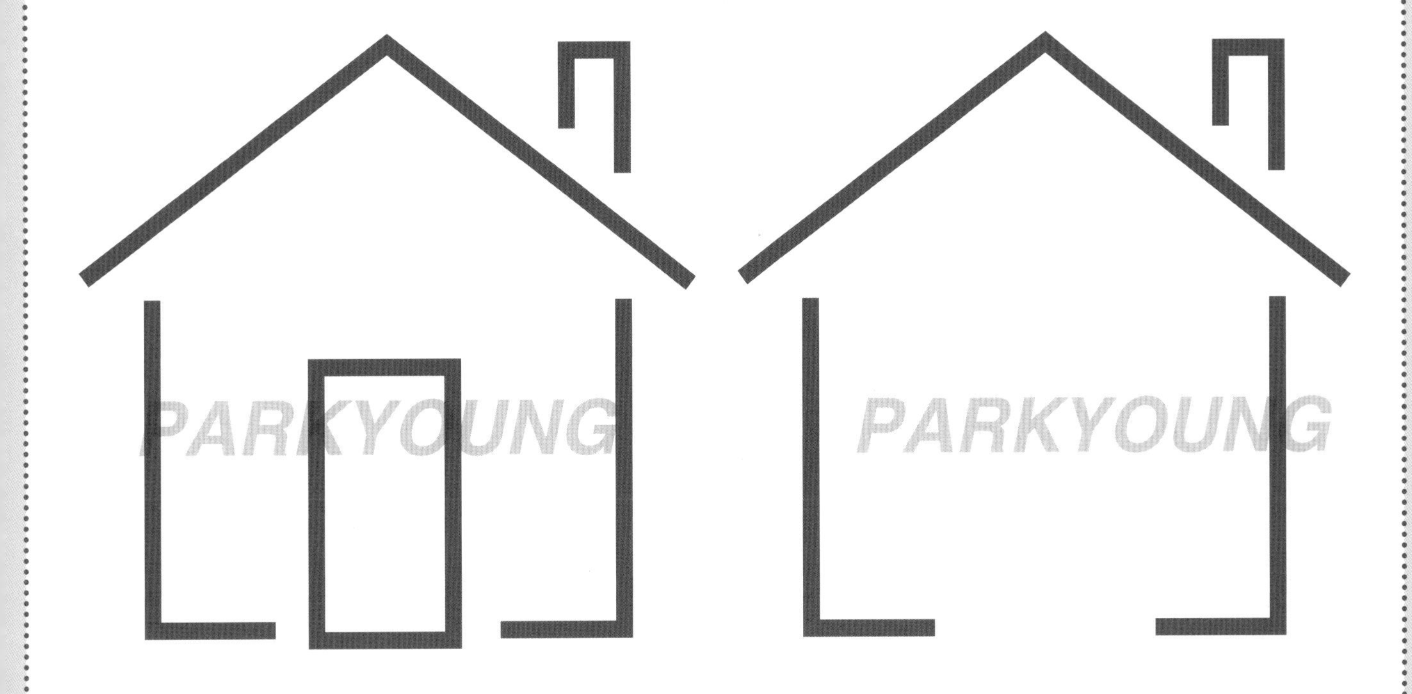

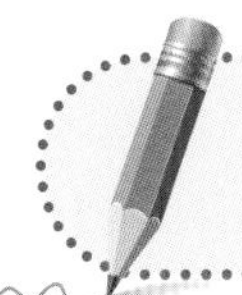

15. 따라 그리기 – 빠진 곳

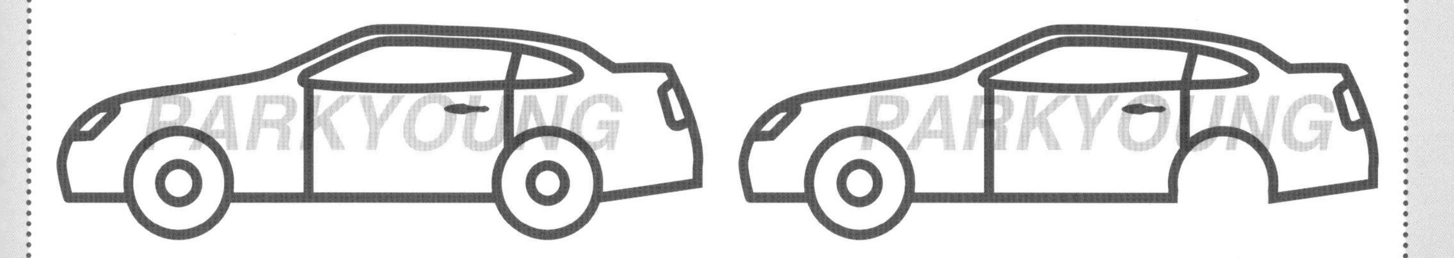

16. 따라 그리기 - 모양

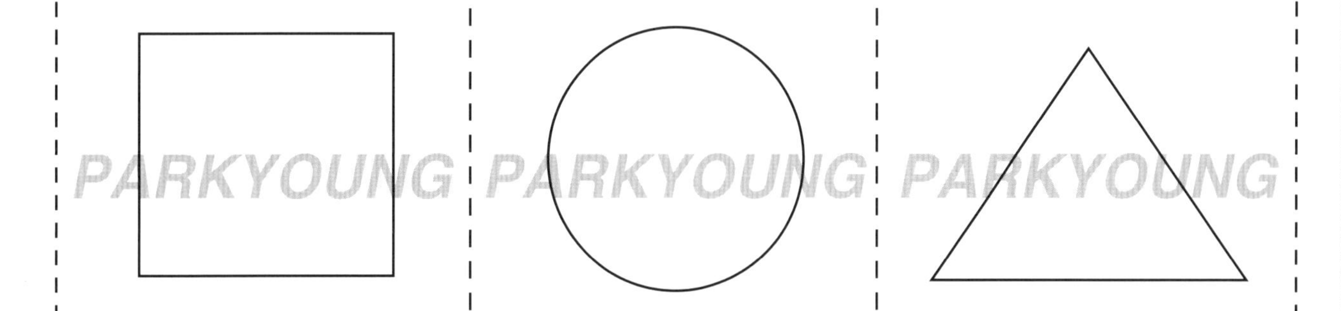

17. 따라 그리기 - 겹쳐진 그림